クイズマスターからの 挑戦状（ちょうせんじょう）

この本には、乗り物にまつわるおもしろいクイズがたくさんあるよ！　本の最後に、正解数（せいかいすう）でランクがわかる「クイズマスターチェック」がついているから、全問正解（せいかい）をめざして、チャレンジしよう！　どのクイズにも、かならず解答（かいとう）や解説（かいせつ）をしるしているけれど、乗り物はどんどん進化しているので、より新しい情報（じょうほう）が発表されているかもしれない。興味（きょうみ）をもったら、自分で調べてみよう！

めざせ！ 乗り物クイズマスター

全3巻　クイズを楽しむうちに、乗り物についての知識がどんどん身につく！

自動車・オートバイ クイズ

鉄道 クイズ

飛行機・船 クイズ

めざせ！乗り物クイズマスター
飛行機・船クイズ

ワン・ステップ 編

もくじ

ステージ 1 初級編（しょきゅうへん）

問題		ページ
1	ボートレース まちがいさがし	7
2	空の乗り物 シルエットクイズ	9
3	空の乗り物 顔くらべ	11
4	飛行機の各部の名前	13
5	空港って、どんな場所？	15
6	タイヤの大きさくらべ	17
7	旅客機（りょかくき）とヘリはバックできるの？	19
8	飛行機のパーツの形クイズ	21
9	ジェット旅客機（りょかくき）の内部は？	23
10	知ってる？ 船の構造（こうぞう）	25
11	飛行機のニックネームは？	27
12	船のすすみかたクイズ	29
13	空を飛ぶ乗り物の分類	31
14	はたらきたい！ 空の仕事	33
15	船の積み荷さがし	35
16	旅客機（りょかくき）の座席（ざせき）クイズ	37
17	船の舵（かじ）取りクイズ	39
18	航空機の種類 ヒントクイズ	41
19	地上をすすむ旅客機（りょかくき）	43

問題		ページ
⑳	ジェット旅客機 何でもクイズ	46
㉑	スクリューのふしぎ	49
㉒	ユニークな名前の空港	51
㉓	すごいぞ！しんかい6500	53
㉔	旅客機の飛行高度クイズ	55
㉕	政府専用機 まちがいさがし	57
㉖	船の種類 ヒントクイズ	59
㉗	輸送船の断面図くらべ	61
㉘	空飛ぶ乗り物 vs リニア中央新幹線	63
㉙	正しいのはだれ？〈飛行機編〉	65
㉚	パスポートの豆知識	67
㉛	ヨットをあやつるテクニック	69
㉜	飛行機 ○×クイズ	71
㉝	飛行機 vs 船 どっちクイズ	73
㉞	空のF1クイズ	75
㉟	世界最大の船クイズ	77
㊱	知ってる？日本の豪華客船	79
㊲	フライトボードクイズ	81
㊳	こんな飛行機あるの？	83
㊴	乗降客数ランキング	85

ステージ 2 中級編

ステージ 3 上級編(じょうきゅうへん)

問題　ページ

㊵ 日本の海の玄関(げんかん)クイズ 88
㊶ 海の交通ルールクイズ 91
㊷ 旅客機(りょかくき)の座席数(ざせきすう)クイズ 93
㊸ 五輪をえがいたのはだれ？ 95
㊹ 飛行機と船の燃料(ねんりょう)クイズ 97
㊺ 飛行機のホント・ウソ 99
㊻ 船と海のホント・ウソ 101
㊼ ベイブリッジを通過(つうか)した大型客船 103
㊽ 地球深部探査船(たんさせん)クイズ 105
㊾ 正しいのはだれ？〈船編(ふねへん)〉 107
㊿ 船の名前をさがせ！ 109
(51) 航空機のパーツの機能(きのう)クイズ 111
(52) 飛行機と船のサイズくらべ 113
(53) 飛行機の豆知識(まめちしき)① 115
(54) 船のサイズの調べかた 117
(55) 飛行機の豆知識(まめちしき)② 119
(56) 空中と水面にうかぶ理由 121
(57) 最短の航路は？ 123
(58) 船の部位のはたらきは？ 125

さあ、初級編にチャレンジ!!

ボートレース まちがいさがし

ステージ 1 初級編

市民の森公園の池で、ボートレースがスタートします。イラストをよくみて、あきらかにまちがっているチームを1つみつけて、その理由をこたえてください。

ボートレース まちがいさがし

手こぎボートチーム…こぐ選手が前をむいていて、うしろにすすんでしまうから

手こぎボートは、こぐ人の後方にむかって船がすすみます。手こぎボートチームのオールをもつ選手が前をむいているので、ボートはうしろにすすみ、岸にぶつかってしまいます。

ステージ 1 初級編

空の乗り物 シルエットクイズ

つぎのシルエットをみて、空を飛ぶ乗り物の種類をあとから選んでください。

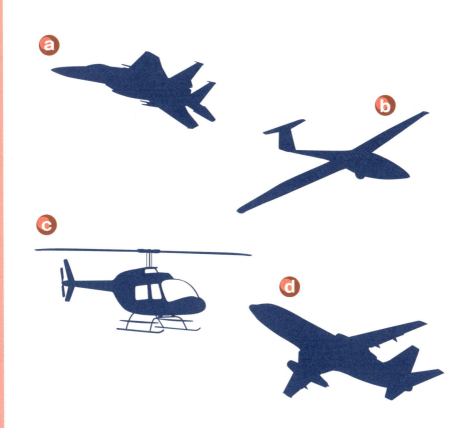

熱気球　　ジェット旅客機（りょかくき）　　ヘリコプター
ジェット戦闘機（せんとうき）　　グライダー　　飛行艇（ひこうてい）

空の乗り物 シルエットクイズ

- ⓐ ジェット戦闘機(せんとうき)
- ⓑ グライダー
- ⓒ ヘリコプター
- ⓓ ジェット旅客機(りょかくき)

それぞれのシルエットは、つぎのとおりです。

ジェット戦闘機　　　グライダー

ヘリコプター　　　ジェット旅客機

ステージ 1 初級編

Q 問題 3 空の乗り物 顔くらべ

空の乗り物を進行方向の正面からみました。どんな乗り物か、あとからそれぞれ選んでください。

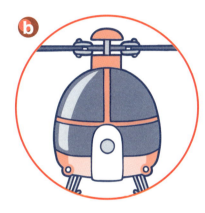

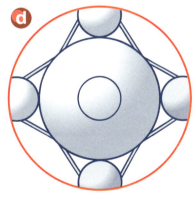

ヘリコプター　　ジェット旅客機（りょかくき）　　ロケット
ジェット戦闘機（せんとうき）　　プロペラ機

空の乗り物 顔くらべ

- ⓐ プロペラ機
- ⓑ ヘリコプター
- ⓒ ジェット戦闘機(せんとうき)
- ⓓ ロケット

それぞれの乗り物の名前は、つぎのとおりです。

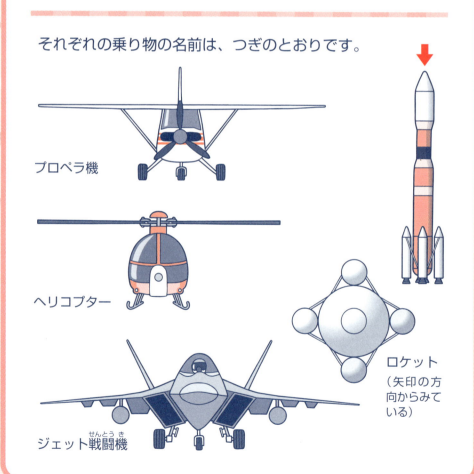

プロペラ機

ヘリコプター

ジェット戦闘機(せんとうき)

ロケット
（矢印の方向からみている）

ステージ 1 初級編

問題 4 飛行機の各部の名前

ジェット旅客機(りょかくき)の写真をみて、a〜dの名前をあとからそれぞれ選んでください。

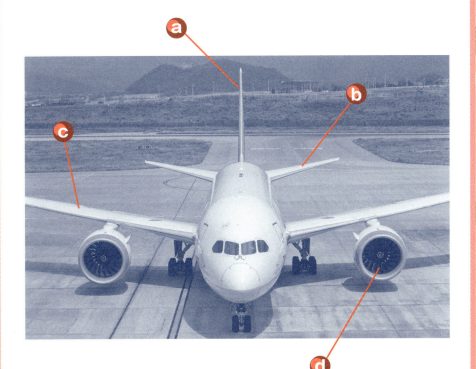

エンジン　主翼(しゅよく)　水平尾翼(すいへいびよく)
垂直尾翼(すいちょくびよく)　コックピット　主脚(しゅきゃく)

飛行機の各部の名前

- ⓐ 垂直尾翼（すいちょくびよく）
- ⓑ 水平尾翼（びよく）
- ⓒ 主翼（しゅよく）
- ⓓ エンジン

各部の名前は、それぞれつぎのとおりです。

ステージ 1 初級編

空港って、どんな場所?

空港の写真をみて、ⓐ～ⓒの名前をあとからそれぞれ選んでください。

ボーディングブリッジ　　ターミナルビル　　管制塔(かんせいとう)

コンコース　　トーイングカー　　セミトレーラー

空港って、どんな場所？

- ⓐ 管制塔(かんせいとう)
- ⓑ トーイングカー
- ⓒ ボーディングブリッジ

それぞれの名前は、つぎのとおりです。

問題 6 タイヤの大きさくらべ

ステージ 1 初級編

つぎの乗り物を、タイヤの直径が大きい順にならべてください。

ジェット旅客機（大型機）

乗用車（普通自動車）

ダンプトラック（世界最大級の車両）

軽飛行機（セスナ機など）

タイヤの大きさくらべ

ダンプトラック→ジェット旅客機→乗用車→軽飛行機

それぞれのタイヤの大きさ（直径）は、つぎのとおりです。

　　ダンプトラック（世界最大級の車両）……約4m
　　ジェット旅客機（大型機）……約1.2〜1.4m
　　乗用車（普通自動車）……約0.78m
　　軽飛行機（セスナ機など）……約0.4m

ジェット旅客機のタイヤの直径は、小学生の身長くらいあるんだね。

ステージ 1 初級編

問題 7 旅客機とヘリはバックできるの？

ジェット旅客機とヘリコプターのすすみかたのちがいについて、つぎの問題にこたえてください。

1 ジェット旅客機とヘリコプターが、空中でバック（後退）できるかどうか、正しい説明を選んでください。

- ⓐ どちらも空中でバックできる。
- ⓑ ジェット旅客機のみ空中でバックできる。
- ⓒ ヘリコプターのみ空中でバックできる。
- ⓓ どちらも空中でバックできない。

2 乗客の搭乗をおえたジェット旅客機が、通常はどうやって地上をバックするか選んでください。

- ⓐ モーターでタイヤを逆回転させる。
- ⓑ ジェットエンジンを逆噴射させる。
- ⓒ 特殊な作業車におしてもらう。
- ⓓ 特殊な飛行機にひっぱってもらう。

旅客機とヘリはバックできるの?

1 c

2 c

---

1 ジェット旅客機は、前方に飛ぶことはできますが、バックはできません。ヘリコプターは、構造的にはバックして飛行できます。ただし、バックするのは機体の位置を微調整するようなときであって、長い距離をバックしながら飛行することはありません。

2 乗客を乗せたジェット旅客機が地上でバックするときには、特殊車両のトーイングカー（牽引車）におしてもらいます。ジェット旅客機は、ジェットエンジンを逆噴射させることによってバックできますが、通常はしません。

トーイングカーは、飛行機をおしたり、ひっぱったりして移動させるための特殊な作業車。

トーイングカー

飛行機のパーツの形クイズ

ステージ 1 初級編

ジェット旅客機(りょかくき)のパーツの形について、つぎの問題にこたえてください。

1 ジェット旅客機(りょかくき)の操縦士(そうじゅうし)がにぎっている操縦桿(そうじゅうかん)の形を選んでください。

2 ジェット旅客機(りょかくき)の大きいつばさ(主翼(しゅよく))の断面(だんめん)をシルエットにあらわしました。正しいものを選んでください。

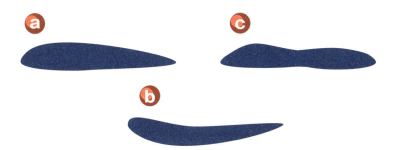

飛行機のパーツの形クイズ

1 機種や車種によってもちがいますが、乗り物を操縦する部分は、つぎのような形をしています。

船の舵　　ジェット旅客機の操縦桿　　自動車のハンドル

2 ジェット旅客機など、飛行機の主翼の断面をシルエットにあらわすと、人のまゆげのような形になります。

前方　　　　　　　　　　後方

ステージ 1 初級編

問題9 ジェット旅客機(りょかくき)の内部は?

写真の 1〜3 の内部はどういう部分でしょうか。それぞれの名前と写真を、あとから選んでください。

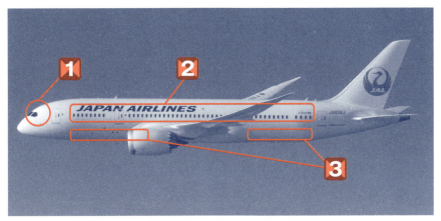

2 3 は、つばさをのぞいた機体部分で考えてください。

コックピット　貨物室　客室

このページの写真提供：日本航空

ジェット旅客機の内部は？

1 コックピット、ⓒ
2 客室、ⓐ
3 貨物室、ⓑ

---

1 コックピット（コクピット）は操縦室のことです。ジェット旅客機を操縦するための操縦桿やペダルのほか、さまざまなスイッチや計器類がそなえられています。

2 乗客の座席のあるスペースが客室です。「キャビン」ともいいます。

3 貨物室は機体下部の前後にあり、大きな荷物はそこに収納されます。小さな手荷物であれば、客室にもちこむことができます。

ステージ 1 初級編

知ってる？船の構造(こうぞう)

イラストは、海にうかんでいる船（帆船(はんせん)）をえがいたものです。a〜dの名前を、あとからそれぞれ選んでください。

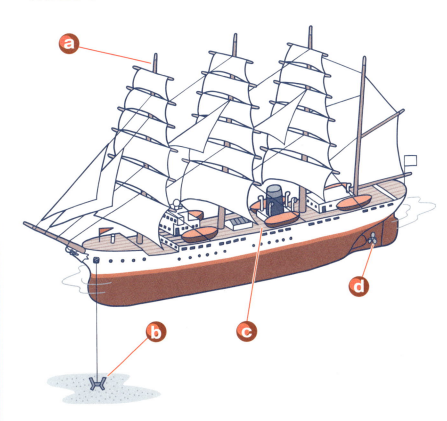

舵(かじ)　　船首　　錨(いかり)　　スクリュープロペラ
甲板(かんぱん)　　マスト　　ブリッジ

知ってる？ 船の構造

- ⓐ **マスト**
- ⓑ **錨**（いかり）
- ⓒ **甲板**（かんぱん）
- ⓓ **スクリュープロペラ**

船の部位の名前は、それぞれつぎのとおりです。

ステージ 1 初級編

Q 問題 11 飛行機のニックネームは？

つぎの飛行機は、ニックネームでよばれることがあります。正しいものをあとからそれぞれ選んでください。

1 ボーイング787

写真提供：日本航空

2 ボーイング747

3 エアバス A300-600ST（エー・エスティー）

　　ベルーガ　　スカイホーク　　ジャンボジェット
　　ドリームライナー　　トムキャット

 飛行機のニックネームは？

1 ドリームライナー
2 ジャンボジェット
3 ベルーガ

---

1 ボーイング787は、アメリカのボーイング社が製造しているジェット旅客機です。ニックネームは、夢の航空機（航空便）を意味する「ドリームライナー」です。

2 ボーイング747は、多くの乗客を輸送できる巨大ジェット旅客機です。「ジャンボジェット」のニックネームは、1800年代にヨーロッパの動物園で飼育されていたアフリカ象の名前「Jumbo（巨大を意味する英語）」がもとになっています。

3 エアバスA300-600STは、ヨーロッパのエアバス社が製造したジェット旅客機です。機体の形や色がシロイルカ（別名：ベルーガ）に似ていることから、「ベルーガ」というニックネームがつけられました。

問題12 船のすすみかたクイズ

ステージ 1 初級編

つぎの船は、どうやってすすむでしょうか。とくに関係の深いものを、あとからそれぞれ選んでください。

ボート

水上バイク

漁船

ヨット

風　　プロペラ　　オール　　ポンプ

 船のすすみかたクイズ

1. **オール**
2. **ポンプ**
3. **プロペラ**
4. **風**

---

1. 手こぎボートは、オールを手でこぎ、水をかくことによってすすみます。
2. 水上オートバイ（水上バイク）は、ポンプで水をすいこみ、強くはきだすことによってすすみます。
3. 漁船だけでなく、多くの船は、水中でプロペラを回転させて推進力をえることによってすすみます。船のプロペラは「スクリュープロペラ」といい、たんに「スクリュー」とよばれることもあります。
4. ヨット（とくに小型のもの）は、マストにとりつけた帆に風をうけることによってすすみます。

問題13 空を飛ぶ乗り物の分類

ステージ 1 初級編

1、2の条件にあてはまる乗り物を、あとからそれぞれ選んでください。

1 飛行機といえる乗り物

2 あたためた空気を利用した乗り物

グライダー

ヘリコプター

熱気球

飛行船

ジェット旅客機

ハンググライダー

空を飛ぶ乗り物の分類

1 ジェット旅客機　　2 熱気球

ハンググライダーをのぞけば、ほかはすべて航空機に分類されます。

航空機	軽航空機	気球	熱気球、ガス気球など
		飛行船	硬式飛行船、軟式飛行船など
	重航空機	固定翼機（固定されたつばさをもつ）	飛行機、グライダーなど
		回転翼機（回転するつばさをもつ）	ヘリコプター、オートジャイロなど
		転換式航空機（固定翼と回転翼の性質がある）	ティルトローター機（例：アメリカ軍のオスプレイ）

1 飛行機は、動力となるエンジンと固定されたつばさをもち、エンジンの力で前進するときに、つばさにはたらく上むきの力によってうかびながら飛行する航空機です。グライダーは、形が飛行機と似ていますが、動力となるエンジンがとりつけられていないので、飛行機ではありません。

2 熱気球は、風船のようにみえる球皮の内部に、あたためた空気を送りこむことで空にうかびます。あたためた空気は通常の空気よりも軽くなるので、熱気球を空にうかべることができます。飛行船もおなじしくみのように思えますが、機体につめられているのはあたためた空気ではありません。飛行船は、空気よりも軽い気体（水素やヘリウムガス）をつめることで、空にうかんでいるのです。

ステージ 1 初級編

はたらきたい！空の仕事

飛行機や空港に関係する職業について、あてはまるカタカナの名前をあとからそれぞれ選んでください。

客室乗務員（きゃくしつじょうむいん）
客室で、乗客に食事をくばるなどの機内サービスをする。

操縦士（そうじゅうし）
飛行機を操縦する。責任者として、ほかの乗務員に指示をする。

航空機誘導員（こうくうきゆうどういん）
空港で飛行機の操縦士に指示をして、飛行機を安全に誘導する。

グランドスタッフ　　マーシャラー　　ディスパッチャー

キャビンアテンダント　　パイロット

はたらきたい！空の仕事

客室乗務員…キャビンアテンダント
操縦士…パイロット
航空機誘導員…マーシャラー

客室乗務員……客室にいて、乗客を座席に案内するほか、食事や飲み物をくばるなどの機内サービスをしています。英語で「cabin attendant」とかき、CAと略されることもあります。

操縦士……飛行機を操縦する人を「パイロット」といいます。パイロットであり、フライト（飛行）の最高責任者のことは機長（キャプテン）といいます。機長を補佐するのは副操縦士（コパイロット）です。

航空機誘導員……空港で飛行機の操縦士に指示をだして、飛行機を安全に誘導する人です。「マーシャラー」といいます。

グランドスタッフ……空港内ではたらく地上勤務職員です。飛行機には乗らず、旅客カウンターでチケットの発券や、乗客のチェックインなどの業務をおこないます。

ディスパッチャー……運航管理者です。飛行する便の運航計画（フライトプラン）を作成するのがおもな業務です。

問題15 船の積み荷さがし

ステージ 1 初級編

つぎの船は、おもにどんな荷物をはこぶでしょうか。あとからそれぞれ選んでください。

液化天然ガス（えきか）

コンテナ

木材　　原油

自動車　　鉄鉱石（てっこうせき）

このページの写真提供：一般社団法人日本船主協会

A 解答15 船の積み荷さがし

1. **液化天然ガス**
2. **原油**
3. **コンテナ**

---

1. 液化天然ガスは、「LNG（Liquefied Natural Gas）」といいます。これは採掘した天然ガスを液体化したものです。専用の「LNG船」ではこびます。

2. 採掘した原油をはこぶ船を「原油タンカー」といいます。

3. 貨物輸送などで使われる金属製のケースを「コンテナ」といいます。コンテナのなかに積み荷をいれ、それを「コンテナ船」にたくさんつんではこびます。

東京タワーの高さは333m。

東京タワーとおなじくらいあるよ！

30万トン級の大型タンカーの長さは330mくらい。

問題16 旅客機の座席クイズ

ステージ 1 初級編

旅客機の座席について、つぎの問題にこたえてください。

1 座席が「エコノミークラス」「ビジネスクラス」「ファーストクラス」の3つにわかれている旅客機があります。それぞれの説明として正しいものを1つずつ選んでください。

> ⓐ 会社につとめるビジネスマンだけが利用できる。
> ⓑ 座席数がもっとも多い。
> ⓒ 座席の間隔が、もっともゆったりとってある。
> ⓓ サービスや料金は、上級客室と標準客室のあいだになる。

2 図のような機内の場合、一般にファーストクラスの客席がどこにあるか選んでください。

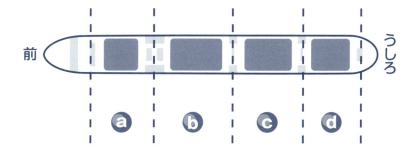

 旅客機の座席クイズ

1 エコノミークラス…**b**
　ビジネスクラス…**d**
　ファーストクラス…**c**

2 **a**

---

1 旅客機の座席が「エコノミークラス」「ビジネスクラス」「ファーストクラス」にわけられている場合、料金が高く、より質の高いサービスが提供されるほうから順に「ファーストクラス」「ビジネスクラス」「エコノミークラス」となります。ファーストクラスの座席はゆったりしていて、ほかのクラスにはない特別なサービスをうけることができます。エコノミークラスは座席数がもっとも多く、一般的な座席です。ビジネスクラスは両クラスの中間にあたりますが、ビジネスマンしか利用できないわけではありません。

2 一般に、ファーストクラスの座席は機体の前のほうに配置されています。機体のゆれが小さく、エンジン音がそれほど聞こえないなどの理由から、この位置になっています。

問題17 船の舵取りクイズ

ステージ1 初級編

直進している船を右前方にすすめたいとき、船長がどのような舵取りをするか、つぎのイラストから選んでください。

1 右にまわす

2 左にまわす

3 手前にひく

4 前方におす

A 解答17 船の舵取りクイズ

1

飛行機では、操縦桿（ハンドル）を右や左にまわすだけでなく、前方にたおしたり、手前にひいたりして操縦します。船や自動車は、高度の上げ下げをすることがないので、左右に回転させるだけで進行方向を変更します。右前方にすすめるときには、舵を右に回転させます。

ただし、回転といっても、舵がぐるぐる何回転もするわけではなく、いっぱいに切っても左右に35度程度しかまわりません。舵を右に切ることを「面舵」といい、左に切ることを「取り舵」といいます。

ステージ 1 初級編

航空機の種類 ヒントクイズ

3つのことばをヒントにして、あてはまる航空機の種類を、あとからそれぞれ選んでください。

1

ガスバーナー
ゴンドラ
カラフル

2

災害救助（さいがい きゅうじょ）
垂直離着陸（すいちょく り ちゃくりく）
大小の回転翼（かいてんよく）

3

音速
航空ショー
自衛隊（じ えい たい）

戦闘機（せんとうき）
旅客機（りょかくき）
熱気球
グライダー
ヘリコプター
ソーラープレーン

航空機の種類 ヒントクイズ

1 熱気球
2 ヘリコプター
3 戦闘機

1 熱気球で人が乗るかごの部分を「ゴンドラ」といいます。風船の部分（球皮とよぶ）にガスバーナーであたためた空気をおくりこむと、空にうかびあがります。

2 ヘリコプターは、大小の回転翼でバランスをとりながら、垂直に離着陸できます。物資の輸送や遊覧、取材のための飛行のほか、災害時の人命救助、救急患者の移送などでも活躍します。

3 日本では、航空自衛隊が戦闘機を所有しています。音速（音よりも高速）で飛行する機種もあります。航空祭などでは、戦闘機を使った航空ショーがおこなわれています。

ステージ 1 初級編

問題 19 地上をすすむ旅客機

乗客を乗せ、トーイングカー（牽引車）に牽引されたあと、ジェット旅客機は滑走路にむけてゆっくりすすみます。このことについて話している4人のうち、正しいことをいっている人を選んでください。

Aさん

地面の下には強力な磁石がうめこんであって、その力によって滑走路まではこんでくれるんだよ。

ジェットエンジンから空気をふきださせた反動で、滑走路まですすむのよ。

Bさん

Cさん

モーターでタイヤを回転させて、滑走路まですすむのよ。

滑走路までのあいだは地面にベルトコンベアーが設置されていて、機体を滑走路まではこんでくれるんだ。

Dさん

解答19 地上をすすむ旅客機

Bさん

ジェット旅客機にはいくつものタイヤがついていますが、動力がそなわっていないので、自動車のようにタイヤを回転させて走行することはできません。また、地面にベルトコンベアーなどは設置されていません。機体が地上を前進するときには、ジェットエンジンを動かして空気をはきださせ、その反動を利用します。離陸する際とおなじ方法といえます。

ステージ2 中級編

Q 問題20 ジェット旅客機 何でもクイズ

ジェット旅客機について、つぎの問題にこたえてください。

1 ⓐ～ⓒの ▊ の部分には、どのような役割がありますか。あてはまる説明をそれぞれ選んでください。

- ア　補助翼……機体を横にかたむける。
- イ　昇降舵……機首を上下にふる。
- ウ　方向舵……機首を左右にふる。

ステージ 2 中級編

2. 旅客機には大量の燃料がつまれています。おもにつんでいるところを ⓓ〜ⓕ の ▨▨ の部分から選んでください。

3. 旅客機が「離陸」と「着陸」の瞬間にどのような体勢になっているか、それぞれ選んでください。

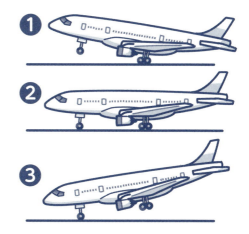

4. 日本からヨーロッパやアメリカへの海外旅行で、現地についたときや帰国したとき、頭がぼーっとしたり、眠気におそわれたりすることがあります。その症状の名前を選んでください。

```
船酔い    二日酔い    エコノミークラス症候群
時差ぼけ   飛行機頭痛
```

ジェット旅客機 何でもクイズ 解答20

1 ⓐア　ⓑウ　ⓒイ
2 ⓔ
3 離陸…❶　着陸…❶
4 時差ぼけ

1「補助翼」は、主翼の先の後方についています。機体を横にかたむけるときに動かす部分で、「エルロン」ともいいます。「方向舵」は、垂直尾翼の後方についています。機首を左右にふるときに動かす部分で、「ラダー」ともいいます。「昇降舵」は、水平尾翼の後方についています。機首を上下にふるときに動かす部分で、「エレベーター」ともいいます。

2 燃料の大部分は主翼につみこみますが、本体や尾翼の下部につみこむこともあります。

3 離陸の瞬間も着陸の瞬間も、機首が上がり、主翼の下にあるタイヤ（主脚）が滑走路に接しています。

4 飛行機で東西に長距離を移動すると、時差のちがいから、人間の体内時計と移動先の土地の時間がことなることによって、生活のリズムがずれ、体の調子をくずすことがあります。これを「時差ぼけ」といいます。

問題21 スクリューのふしぎ

ステージ 2 中級編

　船についているスクリュー（スクリュープロペラ）について、つぎの問題にこたえてください。

1 スクリューが船体の前ではなく、うしろにつけられているおもな理由を選んでください。

- ⓐ 水の抵抗（ていこう）が小さくなるため
- ⓑ 修理（しゅうり）やとりかえがしやすいため
- ⓒ 航行時に船体がうきあがってしまうのをさけるため

2 20〜30万トン級の原油タンカーでは、スクリューの高さ（矢印）がどれくらいあるか選んでください。

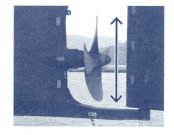

- ⓐ 小学校の教室のつくえの高さ
- ⓑ 大型バスの高さ
- ⓒ 3〜4階建てのビルの高さ

スクリューのふしぎ

1 ⓐ

2 ⓒ

---

1 スクリューを船体の前につけると、スクリューから送られる水の流れが船体にぶつかり、大きな抵抗が生まれてしまいます。スクリューを船体の後方につけると、むだな抵抗はありません。また、ほかの船との衝突事故などがおこったとき、最初にスクリューがこわれて、操船不能におちいらないようにするためでもあります。

2 20〜30万トン級の原油タンカーでは、スクリューの高さが約11mもあります。

小学校の教室のつくえの高さ……約0.5m

大型バスの高さ……約3.7m

3〜4階建てのビルの高さ……約9〜12m

Q 問題 22 ユニークな名前の空港

ステージ 2 中級編

日本にはユニークな名前の空港があります。地図の①〜⑥にあてはまることばを、あとから1つずつ選んでください。

(⑥)釧路空港
米子(②)空港
対馬(①)空港
徳島(④)空港
高知(③)空港
(⑤)静岡空港

①・⑥
こうのとり
やまねこ
たんちょう
とき
かもしか

②・③
龍馬
トトロ
芭蕉
鬼太郎
コナン

④・⑤
富士山
阿波おどり
アルプス
うどん
みかん

A 解答22 ユニークな名前の空港

① やまねこ　② 鬼太郎（きたろう）　③ 龍馬（りょうま）
④ 阿波おどり（あわ）　⑤ 富士山（ふじさん）　⑥ たんちょう

「対馬やまねこ空港」は、対馬だけに生息する国の天然記念物「ツシマヤマネコ」にちなんでいます。「米子鬼太郎空港」は、鳥取県出身の漫画家、水木しげるの「ゲゲゲの鬼太郎」にちなんでいます。「高知龍馬空港」は、高知県（土佐藩）出身の志士「坂本龍馬」にちなんでいます。「徳島阿波おどり空港」は、徳島県発祥の盆おどり「阿波おどり」にちなんでいます。「富士山静岡空港」は、静岡県と山梨県にまたがる「富士山」にちなんでいます。「たんちょう釧路空港」は、国の特別天然記念物「タンチョウ」にちなんでいます。

すごいぞ！しんかい6500

ステージ 2 中級編

6500mの深海を調査する有人潜水調査船「しんかい6500」について、つぎの問題にこたえてください。

1 乗船できる人数を選んでください。

> 1人　3人　5人　7人

2 コックピット（操縦室）をおおっている部分の形を選んでください。

球　　　円柱　　　三角すい　　　立方体

3 潜水時間は、最長何時間とされているか選んでください。

> 4時間　8時間　12時間　24時間

すごいぞ！しんかい6500

1. 3人
2. 球
3. 8時間

---

1. 1回の潜航で乗船できるのは3人（パイロット2人、研究者1人）です。
2. コックピットは、球の形をした耐圧殻の内側にあります。耐圧殻は、深海での高い水圧にたえられるものでなくてはなりません。球の形にしているのは、どこからおされてもこわれにくい形だからです。耐圧殻の内側は直径が2mしかなく、そのせまいスペースで、3人の乗船者がいっしょに滞在することになります。
3. 海にしずみはじめてから、うかびあがるまでの時間は8時間ときめられています。水深6500mまでもぐって調査する場合、しずむためにかかる時間が2時間30分、うかぶためにも2時間30分かかるので、海底で調査する時間は3時間しかありません。

ステージ 2 中級編

旅客機の飛行高度クイズ

ジェット旅客機が飛行する高度について、つぎの問題にこたえてください。

1 通常の飛行高度は、富士山の高さで考えると、およそいくつぶんになるか選んでください。

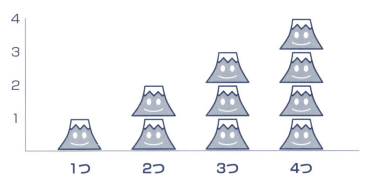

2 そのような高度を飛行する理由を選んでください。

- ⓐ 気温が低くなり、高温を発する機体が適度に冷やされるから。
- ⓑ 空気抵抗が少なくなり、燃料の効率がよくなるから。
- ⓒ それより低いと、各国の軍隊の戦闘機と衝突するおそれがあるから。

55

解答24 旅客機の飛行高度クイズ

1 3つ

2 ⓑ

---

1 ジェット旅客機は、高度約1万mの上空を飛行しています。富士山の高さは3776mなので、その3倍くらいの高度を飛行していることになります。

2 空気は、地上からはなれて、高度が高くなればなるほどうすくなります。空気がうすくなると、機体にかかる空気抵抗がへるので、より少ない燃料で飛行できます。ただし、高度を1万mよりもあげると、さらに空気がうすくなり、ジェットエンジンの燃料が燃えにくくなります。ジェット旅客機は大量の燃料を消費するので、できるだけ燃料効率のよい高度を飛行しているのです。

問題25 政府専用機 まちがいさがし

ステージ 2 中級編

日本の政府専用機が訪問先の国の空港に到着して、首相夫妻が手をふりながらタラップからおりてきました。このイラストをみて、機体にあるあきらかなまちがいを3つ、みつけてください。

解答25 政府専用機 まちがいさがし

- 垂直尾翼のマークが日の丸ではなく、星になっている。
- 主翼の下にあるはずのエンジンがない。
- 機体の左側からおりてくるはずなのに、右側からおりてきている。

日本の政府専用機は、総理大臣や政府の要人などを輸送するための飛行機です。外国で緊急事態などがおこったときは、現地の日本人を輸送することもあります。運用と管理は航空自衛隊がおこなっています。

まちがい（問題のイラスト）

正しい

船の種類 ヒントクイズ

ステージ 2 中級編

3つのことばをヒントにして、あてはまる船の種類を、あとからそれぞれ選んでください。

1
しらせ
宗谷（そうや）
ふじ

2
クイーンエリザベス
にっぽん丸
コスタビクトリア

3
大和（やまと）
武蔵（むさし）
長門（ながと）

戦艦（せんかん）
巡視艇（じゅんしてい）
クルーズ客船
カーフェリー
南極観測船（なんきょくかんそくせん）
原子力空母

解答26 船の種類 ヒントクイズ

1. 南極観測船
2. クルーズ客船
3. 戦艦

1. 日本の南極観測船です。「宗谷」は初代、「ふじ」は2代、「しらせ」は3代・4代の名前です。
2. 豪華なクルーズ客船です。「クイーンエリザベス」はイギリス船籍、「にっぽん丸」は日本船籍、「コスタビクトリア」はイタリア船籍の船です。
3. 太平洋戦争で戦った旧日本海軍の船艦です。敵の攻撃をうけ、「大和」は九州の南方海域、「武蔵」はフィリピン沖で沈没しました。「長門」は終戦後、アメリカ軍に接収され、ビキニ環礁で原子爆弾の実験の標的となって沈没しました。

問題27 輸送船の断面図くらべ

ステージ 2 中級編

エネルギー資源や物資などを輸送する船の本体を断面図にしました。1〜4にあてはまる船を、あとからそれぞれ選んでください。

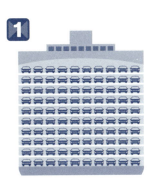

©SHIPPING NOW 2015-2016

コンテナ船　　原油タンカー　　LNG船
木材専用船　　自動車専用船

輸送船の断面図くらべ

1 自動車専用船　　**2** 原油タンカー
3 コンテナ船　　　**4** LNG船

1 自動車専用船

2 原油タンカー

3 コンテナ船

4 LNG船

©SHIPPING NOW 2015-2016　　このページの写真提供：一般社団法人日本船主協会

ステージ 2 中級編

Q 問題 28 空飛ぶ乗り物 vs リニア中央新幹線

つぎの乗り物のうち、世界一の高速鉄道「リニア中央新幹線」（リニアモーターカー／2027年開業予定）よりも高速で飛ぶものをすべて選んでください。

ａ 国際宇宙ステーション
（地球を周回時）

ｂ ドクターヘリ
（救急医療用ヘリコプター）

ｃ ジェット旅客機
（大型のボーイング787など）

ｄ ジェット戦闘機
（自衛隊のF-15の最高速度）

解答 28 空飛ぶ乗り物 vs リニア中央新幹線

ⓐ、ⓒ、ⓓ

「リニア中央新幹線」の営業時の最高速度は、時速約500kmです。東京・名古屋のあいだを約40分でむすぶ予定です。

「国際宇宙ステーション」は、ニュース映像ではとまっているようにみえますが、実際には時速約2万8000kmという、とてつもないスピードで地球を周回しています。

「ドクターヘリ」は時速約200～300km、「ジェット旅客機」は時速約900～1000km、「ジェット戦闘機」は音速をこえる時速約3000km（マッハ2.5）で飛行します。

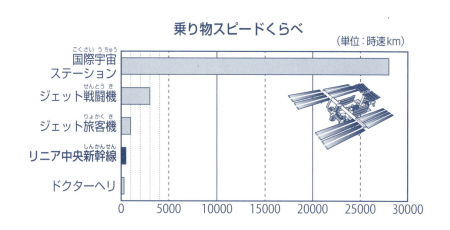

乗り物スピードくらべ （単位：時速km）

問題 29 正しいのはだれ？〈飛行機編〉

ステージ 2 中級編

日本の飛行機についての問題です。つぎのうち、正しいことを話している人をすべて選んでください。

1

日本の旅客機はすべて外国から輸入したものなんだ。国産の旅客機は過去にもないよ。

2

太平洋戦争で活躍した日本の零戦は、木炭を燃やして飛んでいたのよ。

3

日本の宇宙航空研究開発機構（JAXA）が開発中の旅客機は、マッハ1.6で飛行する超音速旅客機よ。

4

旅客機のパイロットは、帽子をかぶっているイメージがあるけど、飛行中はかぶっていないよ。

解答29 正しいのはだれ？〈飛行機編〉

③、④

日本には、1965（昭和40）年に運航を開始した「YS-11」という国産旅客機がありました。旅客機としての役目はすでにおえていますが、約40年にわたり運用されました。ほかにも、初の国産ジェット旅客機「MRJ（三菱リージョナルジェット）」が2018（平成29）年以降の運航開始をめざして開発されています。

旧日本軍の「零戦（零式艦上戦闘機）」は、ガソリンを燃料にしていました。

日本の宇宙航空研究開発機構（JAXA）が開発中の次世代超音速旅客機（右のイメージ画）は、マッハ1.6で飛行することを想定しています。

超音速で飛行すると衝撃波（ソニックブーム）の発生が問題になりますが、この旅客機では発生をおさえるくふうが研究されています。2020年代の実用化をめざしています。

旅客機のパイロットは、コックピットにはいると帽子をぬぎ、運航中にかぶることはまずありません。

問題30 パスポートの豆知識

ステージ 2 中級編

右の写真は日本のパスポート（旅券）です。海外旅行にでかけるときに必要なパスポートについて、つぎの問題にこたえてください。

1 海外へでかけるとき、出国や入国といった情報は、パスポートに記録されます。飛行機で出国する際、出国手続きがどこでおこなわれるか選んでください。

- ⓐ 飛行機に搭乗する前の空港内
- ⓑ 飛行機に搭乗する入り口
- ⓒ 飛行機のシート（座席）にすわり、飛びたつ前
- ⓓ 飛行機が日本の領空をでる前後

2 パスポートをもたずに海外へでかけられる人を選んでください。

- ⓐ 1歳に満たない子ども
- ⓑ 内閣総理大臣
- ⓒ 天皇陛下・皇后陛下
- ⓓ 国際連合の職員

A 解答30 パスポートの豆知識

1 ⓐ

2 ⓒ

---

1 日本から海外へでかける際の出国手続きは、飛行機に搭乗する前の空港内でおこなわれます。右は成田空港での出国手続きの流れです。①〜④までが実際の手続きです。

日本からの出国手続き

① 搭乗手続き
パスポートと航空券を提示し、搭乗券をうけとる。

② セキュリティチェック
手荷物検査とボディチェック。

③ 税関手続き
高額な現金や外国製品がある場合。

④ 出国審査
出国印をおしてもらう。

⑤ 目的のゲートへ

⑥ 飛行機への搭乗

2 国際的な慣例として、国家元首はパスポートを所持する必要がないので、天皇陛下・皇后陛下はパスポートをもっていません。ほかの皇族が公務や私用で海外へでかける際には、パスポートが必要になります。

問題31 ヨットをあやつるテクニック

ステージ 2 中級編

ヨットは風の力をたくみに利用してすすみます。つぎの場合、ヨットの帆をどのようにはるか、あとからそれぞれ選んでください。

1 うしろからふく風

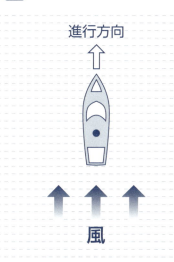

2 左横からふく風

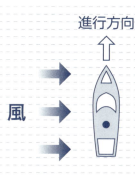

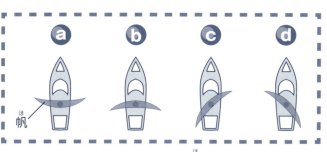

（ヨットによって、帆の位置はことなります）

A 解答 31 ヨットをあやつるテクニック

1⃣ ⓑ

2⃣ ⓓ

1⃣ うしろから風がふいている場合は、帆をうしろにひらくようにして風をうけます。

2⃣ 左横から風がふいている場合は、帆を左うしろ45度にひらくようにして風をうけます。

帆に風をうけてすすむヨット。

問題 32 飛行機 ○×クイズ

ステージ 2 中級編

正しいものには○、まちがっているものには×でこたえてください。

1 かつて活躍していたアメリカの有人宇宙船「スペースシャトル」は、輸送するときに飛行機に乗せられました。

2 アメリカのステルス爆撃機は、非常にがんじょうなのが特徴で、ミサイルに直撃されても飛びつづけることができます。

3 現在の旅客機には自動操縦（オートパイロット）の機能がそなわっているので、空港での離陸も着陸も、ほとんど自動でおこなわれています。

4 旅客機のコックピットの前面には、自動車とおなじように、雨よけのためのワイパーがとりつけられています。

5 日本の旅客機の機内食は、同乗した航空会社のシェフにより、乗客の食事時間にあわせてつくられています。

A 解答32 飛行機 ○×クイズ

1 ○ **2** × **3** × **4** ○ **5** ×

1 スペースシャトルのオービタ（スペースシャトルの本体部分）は、ボーイング747を改造したシャトル輸送機によってはこばれました。

2 ステルス爆撃機は、敵のレーダーやセンサーにとらえられにくいのが特徴です。

3 自動操縦にすれば、安定飛行のときはもちろん、着陸も自動でおこなうことができます。ただし、離陸は自動でできないので、かならずパイロットがおこないます。

4 旅客機にもワイパーがとりつけられていますが、飛行時ではなく、雨の日に滑走路を移動するときに使います。

5 機内食は、食事を用意するケータリング会社によってつくられています。ケータリング車という専用の車に乗せて機内にはこびこまれ、食事の時間にくばられます。

ステージ 2 中級編

飛行機 vs 船 どっちクイズ

飛行機と船をくらべてみました。あてはまるほうを選んでください。

1
自衛隊の装備で価格が高いのは、どっち?

- ジェット戦闘機（1機）
- 潜水艦（1隻）

2
1分間の回転数が多いのは、どっち?

- ヘリコプターのプロペラ
- 大型コンテナ船のスクリュー

3
燃料補給なしで航続距離が長いのは、どっち?

- ジェット旅客機
- 原油タンカー

4
全長が大きいのは、どっち?

- 世界最大級の飛行機
- 世界最大級のコンテナ船

飛行機vs船 どっちクイズ

1. 潜水艦
2. ヘリコプターのプロペラ
3. 原油タンカー
4. 世界最大級のコンテナ船

1. ジェット戦闘機（F-35Aの場合）1機の価格は約160億円です。潜水艦1隻の価格は約400〜600億円です。そうりゅう型の潜水艦は約640億円です。

2. ヘリコプターのプロペラ（ローター）は、毎分約400〜600回転します。大型コンテナ船のスクリューは、毎分約100回転します。

3. ジェット旅客機は、燃料の補給なしで約1万2000〜1万6000kmの距離を飛行できます（ボーイング787のなかで長距離飛行できるタイプの場合）。原油タンカー（30万トン級）は、約4万kmの距離を航行できます。

4. 世界最大級の飛行機、An-225の全長は84mです。世界最大級のコンテナ船、CMA CGM マルコ・ポーロの全長は396mです。

問題34 空のF1クイズ

ステージ 2 中級編

「空のF1」とよばれる飛行機のレース「レッドブル・エアレース」について、つぎの問題にこたえてください。

1 レースに使われる飛行機のタイプを選んでください。

2 レースでは、あるもののあいだを通過します。それが何か選んでください。

> クーロン　　パイロン　　イプシロン　　オペロン

3 このレースでは、何を競うのか選んでください。

> ⓐ きめられた時間内に通過したゲートの数
> ⓑ きめられたルートの飛行時間
> ⓒ きめられた時間内の飛行技術のみごとさ

空のF1クイズ

1️⃣ ⓐ
2️⃣ パイロン
3️⃣ ⓑ

エアレースは「レッドブル・エアレース・ワールド・チャンピオンシップ」として、世界各地を転戦して開催されます。

1️⃣ 曲芸飛行用の単発プロペラ、固定脚の飛行機が使用されます。

2️⃣ 空気をいれてふくらませたパイロン（エアパイロン）を、ゲート（門）にみたてて通過します。

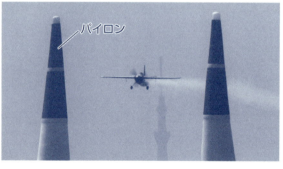

パイロンのあいだをめがけて飛ぶプロペラ機。

3️⃣ ゲートを通過しながら、きめられたルートを最短時間でゴールした選手が勝者となります。ただし、ゲートの通過方法などによりペナルティー（減点）がもうけられています。

問題35 世界最大の船クイズ

ステージ 2 中級編

大型の船について、正しいほうをそれぞれ選んでください。

1 世界最大の船と16両編成の新幹線では、どちらの全長が大きい？

- 世界最大の船
- 16両編成の新幹線

2 世界最大の客船の乗客定員と世界一小さな国の人口では、どちらが多い？

- 世界最大の客船
- 世界一小さな国

3 世界最大の帆船のマストと大阪の通天閣では、どちらが高い？

- 世界最大の帆船
- 大阪の通天閣

世界最大の船クイズ

解答 35

1 世界最大の船
2 世界最大の客船
3 大阪の通天閣

---

1 世界最大の船「プレリュード」の全長は488mです。16両編成の新幹線（N700系）の全長は405mです。

2 世界最大の客船「オアシス・オブ・ザ・シーズ」の乗客定員は5400人です。世界一小さな国、バチカン市国の人口は826人です（シーランド公国をのぞく／2014年／外務省）。

3 世界最大の帆船「セドフ」のマストの高さは57mです。大阪の通天閣の高さは103m（避雷針ふくむ）です。

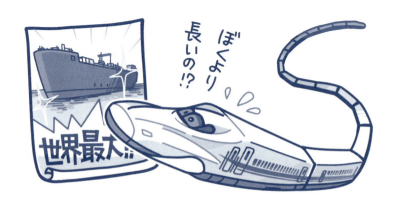

ステージ 2 中級編

問題 36 知ってる？ 日本の豪華客船

日本のクルーズ客船「飛鳥Ⅱ」について、つぎの問題にこたえてください。

写真提供：郵船クルーズ　撮影：中村庸夫

1 つぎのタワーやビルのうち、高さが飛鳥Ⅱの全長にもっとも近いものを選んでください。

> 東京スカイツリー　　東京都庁（第一本庁舎）
> 東京タワー　　あべのハルカス

2 飛鳥Ⅱの説明として、正しいものをすべて選んでください。

> ⓐ 船内でインターネットができる。
> ⓑ 船内でカジノゲームができる。
> ⓒ 日本の警察官がつねに乗船している。
> ⓓ 船内に和室がもうけられている。

A 解答36 知ってる？日本の豪華客船

1 東京都庁（第一本庁舎）

2 ⓐ、ⓑ、ⓓ

1 飛鳥Ⅱの全長は241mです。

　　東京都庁（第一本庁舎）……243m

　　東京スカイツリー……634m

　　東京タワー……333m

　　あべのハルカス……300m

2 飛鳥Ⅱには、警察官は乗船していません。

飛鳥Ⅱの客室
アスカスイート

アスカプラザ

レセプション（受付）

このページの写真提供：郵船クルーズ

フライトボードクイズ

ステージ 2 中級編

空港の案内板や端末で目にする航空機のフライト情報について、図をみて問題にこたえてください。

便名	行先／経由地	定刻	変更時刻	搭乗口	備考
ⓐ → JL1003	シドニー	10:00	10:30	66	出発済み
SQ705	シンガポール	10:30		64	出発済み
NH2900	上海	10:45		63	出発済み
● JL550	香港	11:25		68	● 搭乗中
NH109	バンコク	11:35	20:50	67	● 遅れ（天候調査中）
AA505	ホノルル	11:55		66	● まもなくご案内
ⓑ → NH755	台北	12:15		61	搭乗手続き終了
MU3009	北京	12:35		62	搭乗手続き終了
DL7884	ソウル	12:55	13:45	65	● 遅れ
JL1590	バンクーバー	13:00		69	搭乗手続き中
NH3032	ニューヨーク	13:30		68	搭乗口変更
AA890	ロサンゼルス	14:00		64	搭乗口変更

（実際のものとはちがいます）

1 ⓐとⓑは日本の航空会社が運航する便です。航空会社の名前をそれぞれ選んでください。

日本航空　　全日本空輸　　日本エアコミューター

ソラシドエア航空　　ジェットスター・ジャパン

---

2 ハワイにいくためには、何時の便に搭乗すればよいかこたえてください。

3 韓国に直行する便の状況をこたえてください。

フライトボードクイズ

1 ⓐ 日本航空　ⓑ 全日本空輸
2 11時55分
3 おくれていて、出発時刻が13時45分に変更になった。

---

1 世界の航空会社の名前は2けたか3けたのコードであらわされます。コードをみれば、どこの航空会社の便であるか、すぐに判別できます。

航空会社	2けた	3けた
日本航空	JL	JAL
全日本空輸	NH	ANA
中国東方航空	MU	CES
シンガポール航空	SQ	SIA
アメリカン航空	AA	AAL
デルタ航空	DL	DAL

2 「ホノルル」は、ハワイのホノルル国際空港のことです。アメリカン航空の11時55分発・ホノルル行きに搭乗します。

3 「ソウル」は、韓国の仁川国際空港のことです。

ステージ 2 中級編

こんな飛行機あるの？

飛行機の紹介記事を読んで、実際にある飛行機をすべて選んでください。

1 空中給油機
燃料が不足した飛行機のそばを飛行しながら、空中で燃料を補給するための飛行機です。

2 ソーラー飛行機
つばさにソーラーパネルがあり、そこでうけた太陽光のエネルギーを利用して飛ぶ有人飛行機です。

3 空飛ぶ自動車
通常は自動車として道路を走行しますが、つばさをひろげれば、飛行機として空を飛ぶことができます。

4 光速戦闘機
光のすすむスピードは高速ですが、おなじくらいのスピードで飛ぶことができる超光速の軍用機です。

こんな飛行機あるの？

1、2、3

1 空中給油機は、航空機などを改造してつくられます。日本の自衛隊や外国の軍隊が所有しています。

2 ソーラー飛行機は、大きなつばさにとりつけたソーラーパネルで電気をつくり、その電気でプロペラをまわして飛行します。ガソリンなどの燃料は必要としないので、地球温暖化の原因のひとつとされる二酸化炭素は発生しません。

3 空飛ぶ自動車は、道路を走行することも空を飛ぶこともできる乗り物です。

4 光のすすむスピードは、秒速約30万kmにもなります。音のすすむスピードは秒速約340mで、音速で飛行する戦闘機はあります。

ステージ 2 中級編

Q 問題 39 乗降客数ランキング

空港の乗降客数ランキングについて、 ? にあてはまる空港をそれぞれ選んでください。

1 日本の空港の乗降客数ランキング（2014年）

1位 羽田空港
2位 成田空港
3位 ?
4位 新千歳空港
5位 関西空港

- 大阪空港
- 那覇空港
- 福岡空港
- 中部空港

2 日本の空港の路線別乗降客数ランキング（2014年）

1位 羽田空港〜 ?
2位 羽田空港〜福岡空港
3位 羽田空港〜大阪空港
4位 羽田空港〜那覇空港
5位 羽田空港〜鹿児島空港

- 広島空港
- 熊本空港
- 長崎空港
- 新千歳空港

乗降客数ランキング

1. 福岡空港
2. 新千歳空港

「羽田空港」は東京国際空港の一般的なよび名です。「羽田」と略してよばれることもあります。「成田空港」は成田国際空港の一般的なよび名です。「成田」と略してよばれることもあります。かつて、「新東京国際空港」が正式な名前だったこともありました。「関西空港」は関西国際空港の一般的なよび名です。「関空」と略してよばれることもあります。「中部空港」は中部国際空港の一般的なよび名です。「セントレア」という愛称でよばれたり、「中部」と略してよばれたりすることもあります。

空港別乗降客数（2014年）

順位	空港	人数
1	羽田空港	72,743,763
2	成田空港	32,866,898
3	福岡空港	19,703,769
4	新千歳空港	19,270,922
5	関西空港	19,218,083

（国土交通省「平成26年空港別順位表」より）

路線別乗降客数（2014年）

順位	路線	人数
1	羽田～新千歳	8,861,676
2	羽田～福岡	8,184,284
3	羽田～大阪	5,225,954
4	羽田～那覇	4,928,039
5	羽田～鹿児島	2,256,359

（国土交通省「平成26年航空輸送統計」より）

日本の海の玄関クイズ

日本の海の玄関、東京港の写真をみて、つぎの問題にこたえてください。

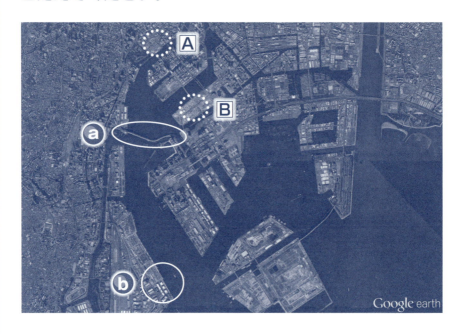

1 ⓐにあるのは下の写真の橋です。この橋の名前を選んでください。

ゲートブリッジ

レインボーブリッジ

リバーブリッジ

ベイブリッジ

2 ⓑの埠頭は、ある荷物の巨大ターミナルとして知られています。この荷物を選んでください。

コンテナ　　木材チップ　　石炭　　LNG

3 写真にうつっているクレーンの名前を選んでください。

ガントリークレーン
タワークレーン
トラッククレーン
オールテレーンクレーン

4 Ⓐにある施設は、2016（平成28）年にⒷの場所に移転することになっています。その施設を選んでください。

東京都庁　　東京都中央卸売市場　　国会議事堂
東京ドーム　　最高裁判所

解答40 日本の海の玄関クイズ

1. レインボーブリッジ
2. コンテナ
3. ガントリークレーン
4. 東京都中央卸売市場

---

1. 東京ゲートブリッジは、レインボーブリッジの南東方向にあります。

2. p.88の❺の場所は大井コンテナ埠頭です。近くにはたくさんの倉庫があり、コンテナ船からはこびだされたコンテナが保管されます。

3. コンテナの積みおろしで活躍するのが「ガントリークレーン」です。大井コンテナ埠頭には何基ものガントリークレーンが設置されています。

4. いくつかある東京都中央卸売市場のうち、中央区築地にある「築地市場」は、2016年に江東区豊洲に移転することになっています。

ステージ 3 上級編

Q 問題 41 海の交通ルールクイズ

船は世界共通のルールで運航されています。つぎのような場合、衝突をさけるために進路を変更しなければならない船はどれでしょうか。「Aの船」「Bの船」「両方の船」のいずれかでこたえてください。

1 正面から衝突しそうな場合

2 交差して衝突しそうな場合

3 追いこすときに衝突しそうな場合

海の交通ルールクイズ

1. 両方の船
2. Aの船
3. Bの船

船の航行の基本は右側通行です。横切る船がぶつかりそうな場合は、相手の船を右手にみるほうの船が進路を変更したり、減速したりして衝突をさけます。

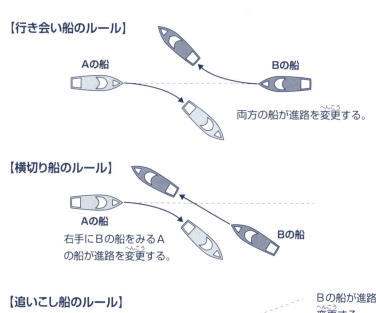

【行き会い船のルール】
両方の船が進路を変更する。

【横切り船のルール】
右手にBの船をみるAの船が進路を変更する。

【追いこし船のルール】
Bの船が進路を変更する。

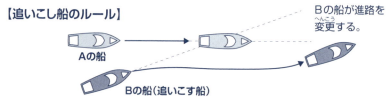

ステージ3 上級編

問題42 旅客機の座席数クイズ

旅客機の座席の数をあらわしたグラフです。ⓐ〜ⓔにあてはまる機種名をあとからそれぞれ選んでください。

ボーイング777は、ボーイング社にとって、はじめての大型旅客機だったんだ。

エアバスA380-800　　コンコルド　　MRJ

ボーイング777-300　　ボーイング787-10

93

解答42 旅客機の座席数クイズ

- ⓐ ボーイング777-300
- ⓑ ボーイング787-10
- ⓒ エアバスA380-800
- ⓓ コンコルド
- ⓔ MRJ

ⓐ ボーイング777はボーイング社の大型旅客機で、「トリプルセブン」ともよばれます。「ボーイング777-300」は、双発機（2基のジェットエンジンを搭載）としては全長がもっとも長い機種です。

ⓑ ボーイング787は、燃費性能が高い中型旅客機です。富士重工業、東レ、ブリヂストン、神戸製鋼所、TOTOなど、多くの日本の企業が開発に参加したことでも知られています。

ⓒ エアバスA380はエアバス社の大型旅客機です。客室は2階建てで、主翼にはターボエンジンを4基そなえています。なかでも、「エアバスA380-800」は世界最大の旅客機です。

ⓓ コンコルドは、1970年代から2000年代初頭まで運航されていた超音速旅客機です。マッハ2.0をほこる夢の旅客機でしたが、定員が100人と少なく、燃費性能がわるいことから、わずか20機しか製造されませんでした。

ⓔ MRJは、初の国産ジェット旅客機として開発中の小型機です。燃費性能が高く、将来性が期待されています。

ステージ 3 上級編

問題 43 五輪をえがいたのはだれ？

1964（昭和39）年に、東京オリンピック大会が開催されました。その開会式で、五輪マークを空にえがいたアクロバット飛行チームがあります。このことについて、つぎの問題にこたえてください。

1 飛行チームの名前を選んでください。

> ブルーインパルス
> ホワイトシャーク
> スカイスピリット

2 飛行チームは、現在も活動をおこなっています。どの団体に所属しているか選んでください。

> 全国的な航空ファンの団体
> 航空専門学校の選抜チーム
> 航空自衛隊
> 世界有数の曲芸飛行団体

五輪をえがいたのはだれ？

1. ブルーインパルス
2. 航空自衛隊

　ブルーインパルスとは、航空自衛隊の宮城県松島基地、第4航空団に所属する第11飛行隊の愛称です。各地で開催されるイベントなどで、アクロバット飛行（曲芸飛行）を披露しています。1964（昭和39）年に開催された東京オリンピック大会の開会式や、2015（平成27）年に開催された姫路城の大天守保存修理完成記念式典での祝賀飛行（写真）が有名です。

姫路城の上空でアクロバット飛行をするブルーインパルス（2015年3月26日）。

ステージ ③ 上級編

問題44 飛行機と船の燃料クイズ

ジェット旅客機とクルーズ客船の燃料について、つぎの問題にこたえてください。

1 ジェット旅客機とほぼおなじ燃料を使うものを選んでください。

2 クルーズ客船とほぼおなじ燃料を使うものを選んでください。

タクシー　石油ストーブ　電車（東海道本線）　火力発電所　乗用車（ガソリン車）　蒸気機関車

飛行機と船の燃料クイズ

解答44

1 石油ストーブ
2 火力発電所

ジェット旅客機は「ケロシン」を燃料とします。ケロシンは、石油ストーブの燃料として使われる「灯油」とほぼおなじ成分です。クルーズ客船は「重油」を燃料とします。重油は、船や火力発電所の燃料として使われます。

ガソリン
乗用車（ガソリン車）

LPガス
タクシー

電気
電車（東海道本線）

灯油
石油ストーブ

重油
火力発電所

石炭
蒸気機関車

※おもな燃料をあらわしています。例外もあります。

問題45 飛行機のホント・ウソ

ステージ 3 上級編

飛行機について、ホントかウソかこたえてください。

1
飛行機の機体の主要な部分は「鉄」でできているのよ。

2
雷（かみなり）の被害（ひがい）から機体を守るため、飛行機には「避雷針（ひらいしん）」が設置（せっち）されているよ。

3
機長と副操縦士（ふくそうじゅうし）がいるような旅客機（りょかくき）の場合、機長は「左側の座席（ざせき）」にすわるのが一般的（いっぱんてき）だよ。

4
電波を発するので、飛行中は「携帯（けいたい）電話でメールの送受信」はできないよ。

A 解答45 飛行機のホント・ウソ

1 ウソ　**2** ウソ
3 ホント　**4** ホント

1 機体の主要な部分は「アルミ合金」でつくられています。新型機の場合は、カーボン複合素材でつくられているものもあります。

2 うけた雷の電気を地面ににがすことができないので、飛行機には、ビルにみられるような避雷針は設置されていません。飛行機の主翼などには「静電放電索（スタティック・ディスチャージャー／上の写真点線部）」とよばれる棒状のものがとりつけられています。これは、飛行中にたまる静電気を空気中に放電するためのもので、雷をひきよせにくくするはたらきがあります。

3 通常は機長が左側、副操縦士が右側の座席にすわります。

4 離陸前の走行中や離陸後の飛行中は、携帯電話やスマートフォンを電波の発生する状態にしていてはいけません。機内モードにしてあれば、いつでも使用は可能です。

○利用できる　×利用できない	ドア開放	出発	離陸	飛行中	着陸	到着	ドア開放
電波を発する状態の電子機器	○	←―――――――×―――――――→					○
電波を発しない状態の電子機器	←―――――――――○―――――――――→						

携帯電話、スマートフォン、PHS、パソコン、トランシーバーなどは動作時に電波を発する。利用できない時間帯は、電源を切るか機内モードにしておく。

問題 46 船と海のホント・ウソ

ステージ 3 上級編

船と海について、ホントかウソかこたえてください。

1
船が海上をすすむ速度は、「マイル」という単位であらわすのよ。

2
原油タンカーが港に接岸するときには、最後はクレーン車でひっぱって動かすのよ。

3
「サルベージ船」は、湾や川の底にある土砂やヘドロをとりのぞく作業をする船だね。

4
海で船が転覆するような事故をみかけたら、「104番」に電話をかけるんだよ。

A 解答46 船と海のホント・ウソ

1 ウソ　**2** ウソ
3 ウソ　**4** ウソ

1 「マイル」は距離の単位。船の速度は「ノット」であらわします。1ノットは、1時間に1852m（1海里）すすむはやさです。昔、船の速度は、船のうしろから結び目（ノット）のついたロープを送りだす方法ではかったことから、船の速度の単位がノットになったそうです。

2 原油タンカーをひっぱって接岸させるのは、「タグボート」という船です。

3 港湾や川の底にある土砂やヘドロをとりのぞく作業を「浚渫」といい、その作業をする船を「浚渫船」（写真）といいます。「サルベージ船」は、海難事故で座礁・転覆した船をひきあげる作業などをおこないます。

4 「104番」は、NTTの電話番号案内の番号です。海で事故や事件がおこった、不審な船がある、船から油がもれでているなど、海でのトラブルをみかけたら、海上保安庁の緊急通報用電話番号「118番」に電話をかけます。

ステージ 3 上級編

問題47 ベイブリッジを通過した大型客船

　2014（平成26）年3月、イギリスの超大型客船クイーンエリザベスが横浜ベイブリッジを通過しました。海面より上にでる船の高さは56.6mもあり、そのままでは船が橋にぶつかってしまいます。どのようにして通過したか、あとから選んでください。

クイーンエリザベス

- ⓐ 船のもっとも高い部分を改造し、低くして通過した。
- ⓑ 海面が低くなる干潮時に通過した。
- ⓒ 特殊なクレーンで橋の中央部をひきあげ、海面からの距離を高くして通過した。
- ⓓ 横浜港で積み荷をふやし、船をできるだけしずませて通過した。

A 解答47 ベイブリッジを通過した大型客船

b

クイーンエリザベスのもっとも高い部分は、海面から56.6mあります。一方、海が満潮のとき、横浜ベイブリッジの橋の下から海面までは55mしかないので、船は橋を

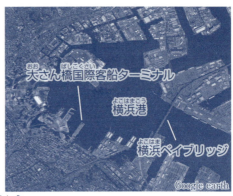

くぐれません。しかし、干潮になると、海面は約2mさがります。そのタイミングをねらって、クイーンエリザベスは橋の下を通過しました。横浜港には、大型客船などが停泊できる「大さん橋国際客船ターミナル」があります。

横浜港に停泊するクイーンエリザベス。

問題48 地球深部探査船クイズ

ステージ3 上級編

日本には、海の底の地中を調査する地球深部探査船（写真）があります。この船について、つぎの問題にこたえてください。

1 この船の名前を選んでください。

かいこう　　ちきゅう　　かいよう　　じんべい

2 海の底から、どれくらいの深さまでほりすすめて調査できるか選んでください。

70m　　700m　　7000m　　70000m

3 この船を運営している組織の名前を選んでください。

JAMSTEC（ジャムステック）　　JAXA（ジャクサ）　　NASA（ナサ）　　JA（ジェイエー）　　NHK（エヌエイチケー）

地球深部探査船クイズ

解答48

1 ちきゅう
2 7000m
3 JAMSTEC（ジャムステック）

日本の海洋研究開発機構（JAMSTEC）は、文部科学省所管の国立研究開発法人です。研究船や調査機などを使い、海洋の調査・研究をおこなっています。地球深部探査船「ちきゅう」は、海底から約7000mの深さまでほりすすめることのできる掘削船です。地球深部のサンプル（標本）を採取し、地球の生命の起源や巨大地震などの研究に役立てます。

問題49 正しいのはだれ？〈船編〉

ステージ 3 上級編

船についての問題です。つぎのうち、正しいことを話している人をすべて選んでください。

1

全速力で航行している船が停止するためには、船の全長くらいの距離が必要だよ。

2

地球でもっとも深いマリアナ海溝のチャレンジャー海淵まで到達した有人潜水艇は、まだないよ。

3

原油をつむタンカーは、原油がからっぽのときは、水をつんでいるのよ。

4

海上自衛隊の艦艇が停泊中は、日の丸（日章旗）と自衛隊旗の2つの旗がとりつけられているのよ。

正しいのはだれ？〈船編〉

③、④

1. 船にはブレーキがついていないので、自動車のようには停止できません。フルスピードの船が停止するには、全長の5〜15倍くらいの距離が必要になります。原油を満載し、フルスピードで航行する超大型タンカーがスクリュープロペラを急停止した場合、船が静止するまでに約30分、距離にして約8kmもすすんでしまいます。スクリュープロペラを逆回転させた場合でも約15分、約3kmもすすんでしまいます。

2. 1960年と2012年に到達しています。

3. 原油タンカーは、原油を満載した状態で安定するように設計されています。原油がからっぽになると、重心が高くなって不安定になり、波や風の影響をうけやすくなります。そのため、原油をとりだしたら、船底に重しとなる海水（「バラスト水」という）をいれて安定させます。

4. 停泊している海上自衛隊の艦艇には、船首に日の丸（日章旗）、船尾に自衛隊旗という2つの旗がとりつけられています。こうするのは、商船や海賊の船とみわけるためで、外国の軍艦でも2つの旗をとりつけています。

ステージ 3 上級編

船の名前をさがせ！

つぎの文の ? にあてはまる船の名前を、あとからそれぞれ選んでください。

1 江戸時代の末期、艦長の勝海舟は、徳川幕府の海軍が所有していた軍艦 ? で太平洋を横断し、アメリカへの往復をなしとげた。

2 1492年、探検家・コロンブスにひきいられた ? はスペインを出航し、大西洋を横断して西インド諸島に到着した。

3 日本初の原子力船 ? は、1969（昭和44）年に進水したが、放射能もれ事故などの問題が原因で原子炉が撤去された。現在は、海洋研究開発機構（JAMSTEC）の海洋地球研究船「みらい」として運用されている。

クイーンメリー　　むつ　　みなと　　洞爺丸
タイタニック　　咸臨丸　　サンタマリア

解答 50 船の名前をさがせ！

1. 咸臨丸（かんりんまる）
2. サンタマリア
3. むつ

---

1. 蒸気軍艦「咸臨丸」は、オランダから輸入された日本初のスクリュー船です。1860年、艦長の勝海舟によって、太平洋を横断し、アメリカへの往復に成功しました。

咸臨丸難航図

2. 1492年、コロンブスらを乗せたサンタマリア号はカリブ海の島に到着しました。コロンブスは、死ぬまでそこをインドだと信じていたので、そのあたりの島々は、のちに「西インド諸島」とよばれるようになりました。

3. 海洋地球研究船「みらい」は、かつて「むつ」とよばれていた原子力船を改造したものです。「むつ」は、放射能もれ事故をおこしたため、原子炉がとりはずされ、改造されて「みらい」に生まれかわりました。海洋研究開発機構（JAMSTEC）が保有しています。

ステージ 3 上級編

問題 51 航空機のパーツの機能クイズ

旅客機とヘリコプターについて、つぎの問題にこたえてください。

1 旅客機の主翼の先端にある「ウィングレット」（矢印）とよばれる部分の機能を選んでください。

- ⓐ 右や左に機体の方向をかえる。
- ⓑ 通信データの送信・受信をおこなう。
- ⓒ 燃料を節約する。

2 ヘリコプターの機体の後部で回転する「テールローター」（矢印）とよばれる部分の機能を選んでください。

- ⓐ 右や左に機体の方向をかえる。
- ⓑ 機体が回転するのをふせぐ。
- ⓒ 飛行する速度をあげる。

航空機のパーツの機能クイズ

1 ⓒ

2 ⓑ

---

1 左右の主翼の先端に「ウィングレット」をとりつけると、空気の流れがスムーズになり、燃費の向上や航続距離の延長につながるとされています。航続距離の長いジェット旅客機を中心にとりつけられています。

2 ヘリコプターには、通常、前後に大小2つの回転翼がとりつけられています。機体をうかせる力は、大きな「メインローター」を回転させることでえています。しかし、メインローターが回転すると、その回転方向とは逆むきに機体が回転しようとします。そこで、機体後部にあるテールローターをまわして、機体の回転をおさえているのです。

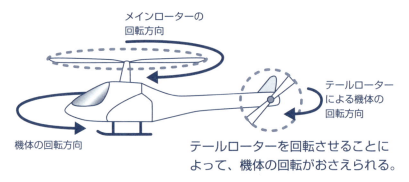

テールローターを回転させることによって、機体の回転がおさえられる。

ステージ ③ 上級編

問題 52 飛行機と船のサイズくらべ

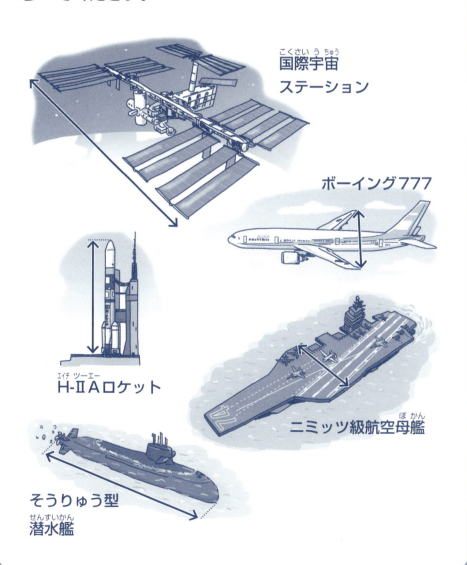

矢印でしめした部分の長さをくらべて、大きい順にならべてください。

国際宇宙ステーション

ボーイング777

H-ⅡAロケット

ニミッツ級航空母艦

そうりゅう型潜水艦

飛行機と船のサイズくらべ

国際宇宙ステーション→そうりゅう型潜水艦→ニミッツ級航空母艦→ボーイング777→H-ⅡAロケット

乗り物のそれぞれの長さは、つぎのとおりです。

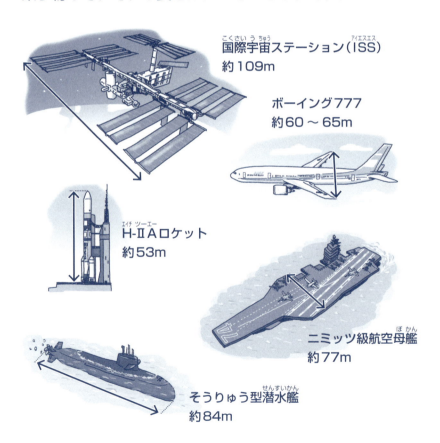

国際宇宙ステーション(ISS)
約109m

ボーイング777
約60〜65m

H-ⅡAロケット
約53m

ニミッツ級航空母艦
約77m

そうりゅう型潜水艦
約84m

ステージ 3 上級編

問題 53 飛行機の豆知識①

飛行機に関する質問を読んで、正しいものをそれぞれ選んでください。

1 安定飛行しているはずの飛行機が、とつぜん下降したり上昇したりする原因になる気流は？

> 上昇気流　　下降気流　　乱気流　　ジェット気流

2 飛行している旅客機の機内の気圧は、地上の気圧とくらべると、どういう状態？

> 高い　　おなじ　　低い

3 空高くみえる飛行機雲の正体は？

> ⓐ 飛行機が排出する煙。
> ⓑ 飛行機が排出する水分などがもとになってできる雲。
> ⓒ 飛行機のジェット噴射に集まってきたほこり。

飛行機の豆知識①

1 乱気流
2 低い
3 ⓑ

1 飛行中の機体が、とつぜん大きくゆれたり、上下に移動したりする現象をもたらす気流が「乱気流」です。機体が雲のなかに突入したり、高い山をこえたりするときに多くみられます。雲ひとつない快晴の空であっても、乱気流がおこることはあります。積乱雲など、あきらかに乱気流がおこりやすい状況であれば、機長はそれをさけて飛行しますが、予測できない場合が多いようです。

2 地上にとまっている旅客機の機内の気圧は1気圧ですが、飛行しているときは0.8気圧にたもたれています。高度が高くなるほど気圧はさがり、高度1万mでは0.2気圧になります。これだけ低い気圧では、人はたえられないので、空調システムによって気圧を調整しています。0.8気圧にしているのは、飛行中の気圧を地上とおなじ1気圧にすると、機体の強度に問題が生じるからです。

船のサイズの調べかた

ステージ 3 上級編

船のサイズについて、問題にこたえてください。

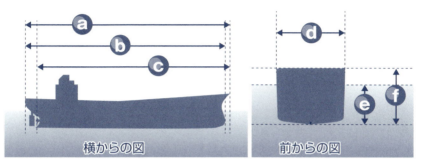

横からの図　　　　前からの図

1 「全長」と「全幅(ぜんぷく)」がどこの長さか、図の ⓐ～ⓕ から それぞれ選んでください。

2 「深さ」と「喫水(きっすい)」がどこの長さか、図の ⓐ～ⓕ から それぞれ選んでください。

3 船の大きさは「トン数」であらわされます。総(そう)トン数と いった場合、つぎのどの大きさか選んでください。

Ⓐ 黒い部分の容積(ようせき)

Ⓑ 黒い部分につめる荷物の重さ

Ⓒ 黒い部分によっておしのけられた水の重さ

船のサイズの調べかた

1. 全長…ⓐ　全幅…ⓓ
2. 深さ…ⓕ　喫水…ⓔ
3. Ⓐ

---

1. 船の「全長」は船首から船尾までの距離、「全幅」は右舷から左舷までの距離のことです。船底には、船首から船尾にかけて、「キール」とよばれる部分があります。船の「深さ」はキールから甲板までの距離、「喫水」はキールから水面までの距離です。

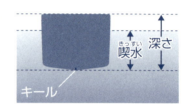

3. 船の大きさをあらわす単位には、いくつかの種類があります。「総トン数」（Ⓐ）は船内の容積です。そこから、機関室や船長室などをのぞいたのが「純トン数」です。客船や貨物船の大きさをあらわすときに使われます。荷物をつめる部分の重さは「載貨重量トン数」（Ⓑ）で、その容積は「載貨容積トン数」です。船がおしのけた水の重さは「排水量」（Ⓒ）といい、艦艇の大きさをあらわすときに使われます。

ステージ 3 上級編

Q問題 55 飛行機の豆知識②

旅客機に関する質問を読んで、正しいものをそれぞれ選んでください。

1 成田からニューヨーク（アメリカ）に直行便でいく場合と、ニューヨークから成田に直行便でいく場合では、飛行時間はどうなる？

- ⓐ 成田発・ニューヨーク行きのほうが長い
- ⓑ ニューヨーク発・成田行きのほうが長い
- ⓒ どちらもおなじ

2 ペットとしてつれている大型犬と、目の不自由な人がつれている盲導犬は、機内のどこに乗せられる？

- ⓐ ペットの犬は貨物室、盲導犬は客室
- ⓑ どちらも客室
- ⓒ どちらも貨物室

飛行機の豆知識②

1 ⓑ
2 ⓐ

1 地球の中緯度地方（北緯・南緯30〜60度くらい）には、つねに西よりの風がふいています。これを偏西風といい、とくに強い風をジェット気流といいます。飛行時間は上空を流れている気流の影響をうけるので、西から東にむかうときにはジェット気流を利用します。これにより、西から東にむかう成田発・ニューヨーク行きの直行便は約12時間50分ですみます。東から西にむかうニューヨーク発・成田行きの直行便は風上にむけて飛行することになるので、約14時間かかります。

2 ペットは荷物、盲導犬は乗客の体の一部と考えるとわかりやすいでしょう。乗客の一部である盲導犬は運賃を支払っているので、客室にはいることができます。ペットは荷物なので、べつに運賃が必要になります。しかも、大型犬の場合は受託手荷物（預かり手荷物）となり、貨物室にいれられます。国内線か国際線かのちがい、航空会社のちがい、行き先の国によるちがいもありますが、小型犬であれば客室にもちこめる場合があります。

ステージ 3 上級編

問題56 空中と水面にうかぶ理由

飛行機と船は金属(きんぞく)でつくられています。飛行機が空中にうかんで飛び、船が水にうかんですすむ理由について、つぎの問題にこたえてください。

1 飛行機が空中にうかぶのはなぜか、正しいものを選んでください。

- ⓐ 機体の本体やつばさに、空気よりも軽い気体をたくさんつめているから。
- ⓑ 機体から真下にむけて、大量の空気をふきだしているから。
- ⓒ つばさに空気をうけているから。

2 船が水にうかぶのはなぜか、正しいものを選んでください。

- ⓐ 船体がくりぬかれているから。
- ⓑ 水よりも軽い油を船底につめているから。
- ⓒ 軽い気体を船底につめているから。

空中と水面にうかぶ理由

1 c　　**2** a

1 飛行機の主翼にぶつかる空気の流れを考えてみます（下の図）。A点でわかれた空気は、主翼の上部と下部をまわりこみ、B点で合流します。主翼は上部のふくらみのほうが大きいので、下部を流れる空気よりも、上部のほうが長い距離をすすみ、はやく流れることになります。このとき、上部の気圧は下部より低くなり、主翼をひきあげようとします。下部の気圧は上部より高くなり、主翼をおしあげようとします。これらの上むきにはたらく力を揚力といいます。こうして、飛行機は空中にうかぶのです。

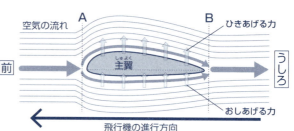

2 水そうに鉄をうかべることで考えてみます。鉄のかたまりを水にいれると、底にしずみます。鉄の体積のぶんだけ水をおしのけ、水面はあがりますが、鉄は水よりも重い（比重が大きい）ので、うかぶことはありません。一方、おなじ量の鉄をうすくのばし、おわんのようにするとうかびます。おしのける水は多くなり、うかせようとする力（浮力）がふえます。こうして、船は水にうかぶのです。

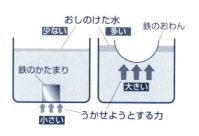

ステージ 3 上級編

問題 57 最短の航路は？

東京港から出発した貨物船が房総半島の沖を航行しています。行き先はアメリカのロングビーチ（カリフォルニア州）の港。地図をみて、問題にこたえてください。

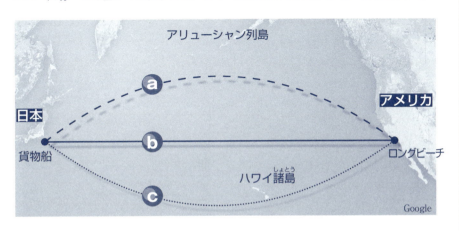

1 貨物船の位置とロングビーチがおなじ緯度だとしたら、最短時間で到着する場合のおよその航路を地図の ⓐ～ⓒ から選んでください。

2 そのように航行する理由を選んでください。

　　ⓐ 海流に乗ることができるから
　　ⓑ 風の力を利用できるから
　　ⓒ 地球が球の形をしているから

123

最短の航路は？

1 ⓐ　　**2** ⓒ

船長が航路をきめるときは、なるべく燃料が少なくてすみ、なるべく短い時間で到着するルートをさがします。貨物船の位置とロングビーチの場所がおなじ緯度だとしたら、最短時間のおよそのルートは地図のⓐのようになります。地球は球形をしていて、ロングビーチは北半球（北緯34度）にあるので、北にカーブをえがくようにすすむと、実際には直進したことになります。これで最短距離を航行することができます。ⓑのように真東にすすんだ場合、実際には南にふくらんだようにすすみ、約500kmも遠まわりすることになってしまいます。実際は、風や海流、天候や季節によってさまざまなルートを検討し、そのときの最善のルートを航行します。

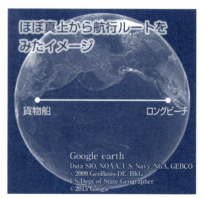

ほぼ真上から航行ルートをみたイメージ

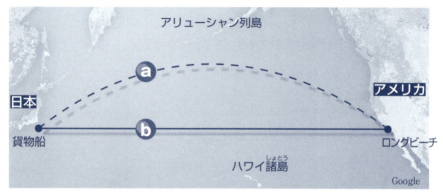

ステージ 3 上級編

Q 問題 58 船の部位のはたらきは？

船のイラストをみて、A～Cの部分の「名前」と「はたらき」をあとからそれぞれ選んでください。

名前
フィンスタビライザー　　バルバスバウ
ブリッジ　　デッキ　　サイドスラスター

はたらき
ⓐ 地震や津波を探知する。
ⓑ 船体の横ゆれをおさえる。
ⓒ 波を小さくする。
ⓓ 船体を横に動かす。
ⓔ クジラと衝突した際の被害をおさえる。

125

解答58 船の部位のはたらきは？

名前　　A…フィンスタビライザー
　　　　B…サイドスラスター
　　　　C…バルバスバウ
はたらき　A…ⓑ　B…ⓓ　C…ⓒ

「フィンスタビライザー」には、船の横ゆれをおさえるはたらきがあります。船底近くの左右に、魚のヒレのように設置されていて、水の流れや圧力によって自動的に角度が調節されるしくみになっています。

「サイドスラスター」には、船を横に動かすはたらきがあります（右のイラスト）。多くは船首の後方あたりにあり、左右に貫通する穴の中央部にプロペラがとりつ

けられています。船は小回りがきかないため、港に着岸・離岸する際に効果を発揮します。

「バルバスバウ」には、船の航行によっておこる波を小さくして、波からうける抵抗をおさえるはたらきがあります。「球状船首」ともいいます。

クイズマスターチェック

正解した問題数をかぞえよう！

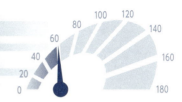

0〜30問のあなた　マスター度 30%

31〜40問のあなた　マスター度 60%

41〜50問のあなた　マスター度 90%

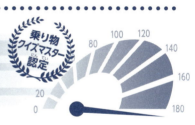

51〜全問のあなた　マスター度 100%

編/ワン・ステップ

児童・生徒向けの学習教材や書籍を制作する編集プロダクション。クイズマスターシリーズに「熱血 めざせ! スポーツクイズマスター」「不思議発見 めざせ! 理科クイズマスター」「脳に栄養 めざせ! 食育クイズマスター」「地球を守れ めざせ! エコクイズマスター」(いずれも金の星社)などがある。
http://www.onestep.co.jp/

- ●画像提供 (順不同)　日本航空株式会社　郵船クルーズ株式会社
　　　　　　一般社団法人日本船主協会
- ●デザイン　VolumeZone
- ●イラスト　森永ピザ　川下隆　おかなお
- ●ＤＴＰ　ONESTEP

めざせ! 乗り物クイズマスター
飛行機・船クイズ

初版発行/2016年2月

編/ワン・ステップ

発行所/株式会社金の星社
　〒111-0056　東京都台東区小島1-4-3
　電話 (03) 3861-1861 (代表)
　FAX (03) 3861-1507
　振替 00100-0-64678
　http://www.kinnohoshi.co.jp

印　刷/広研印刷株式会社
製　本/東京美術紙工
NDC680　128p.　22cm　ISBN978-4-323-05843-6

©Pizza Morinaga, Takashi Kawashita, Okanao, ONESTEP inc. 2016
Published by KIN-NO-HOSHI SHA, Tokyo, Japan.

乱丁落丁本は、ご面倒ですが小社販売部宛にご送付ください。
送料小社負担にてお取替えいたします。

JCOPY　(社)出版者著作権管理機構 委託出版物
本書の無断複写は著作権法上での例外を除き禁じられています。複写される場合は、そのつど事前に
(社)出版者著作権管理機構 (電話 03-3513-6969、FAX 03-3513-6979、e-mail: info@jcopy.or.jp) の許諾を得てください。
※本書を代行業者等の第三者に依頼してスキャンやデジタル化することは、たとえ個人や家庭内での利用でも著作権法違反です。